치매로부터 인지능력을 지켜주는

시니어 인지활동북

한국시니어정신건강연구소 I 길소연 • 김희애 • 송혜경 • 이혜영

02

N넥스웍

들어가는 말

통계청 자료에 따르면 2020년 65세 이상 고령인구는 우리나라 전체 인구의 15.7%로 2025년에는 20.3%, 2060년에는 43.9%에 이를 것으로 예상된다. 과학문명의 발달로 의료기술은 나날이 발전하여 기대수명을 점점 연장시켜 가고 있으며 대표적 노인성질환으로 인식되는 치매의 유병률 또한 고령화현상과 더불어 급격히 증가하고있다. 노년으로 접어드는 시니어라면 '치매'는 자신의 존엄성뿐 아니라 함께 하는 사랑하는 가족들에게도 큰 고통을 줄 수 있어 누구나 가장 피하고 싶은 질환 중 하나일 것이다.

치매의 의학적 정의는 "퇴행성 뇌질환 또는 뇌혈 관계 질환 등에 의해 기억력, 언어능력, 지남력, 판단력 및 수행 능력등의 인지기능저하 를일으켜 일상생활에 지장을 초래하는 후천적인 다발성 장애" 를 말한다.(대한신경과학회) 이는 단계별 증상에 따라 경도인지장애, 초기 치매, 중기 치매, 말기 치매로 나눌 수 있다. 가장 초기 단계인 경도 인지장애의 경우 별도의 관리가 없는 경우 5-6년 안에 치매로 진행될 수 있어 특별한 관리가 필요하며 치매는 그 원인은 다양하나 의학적 완치가 불가

능하기에 '예방'의 중요성은 아무리 강조해도 지나침이 없다.

본 교재 '시니어 인지활동북'은 현재는 아무런 문제가 없으나 치매가 걱정되는 일반적인 시니어층과 일상생활에 문제가 없지만 동일 연령대에 비해 약간의 기억력 저하에 어려움을 가진 경도인지장애 시니어층을 대상으로 만들어졌다.

각 페이지마다 언어력, 판단력, 지남력, 기억력, 집중력, 지각력, 수리계산력, 시공간력, 연상력을 길러주는 문제들로 다양하게 구성하여 인지능력을 종합적으로 향상시키도록 구성하였으며 1권부터 3권까지 난이도 차이를 두어 부담 없이 점층적 학습이 이루어지도록 도왔다. 무엇보다 현 시장의 유아 학습지 느낌의 교재들과 차별화하여 본 교재를 사용하는 분들의 품격에 맞도록 삽화제작과 디자인에 특별히 많은 주의를 기울였다.

마지막으로 현장의 여러 경험들을 담아내기까지 조언과 격려로 함께 해주신 분들과 출판되기까지 도움을 준 넥스웍 관계자분들께 감사의 마음을 전한다.

이 책에 관하여

특징

1. 총체적 인지능력 향상

언어력, 판단력, 지남력, 기억력, 집중력, 지각력, 수리계산력, 시공간력을 모두 고르게 학습할 수 있도록 구성하였습니다.

2. 흥미로운 다양한 활동

학습효과를 떨어뜨리지 않으면서 학습을 지속할 수 있도록 숨은그림찾기, 다른 그림찾기, 끝말잇기, 미로찾기, 그림자 놀이 등 흥미롭고 다양한 학습방법을 활용하였습니다.

3. 시니어 품격에 맞는 디자인

보다 큰 사이즈의 글자와 차별화된 삽화 및 디자인으로 시니어의 특성과 품격에 맞게 제작하였습니다.

활용

1. 1권부터 3권까지 순차적으로

쉬운 것부터 점차적으로 높은 수준에 이르도록 단계적으로 학습합니다.

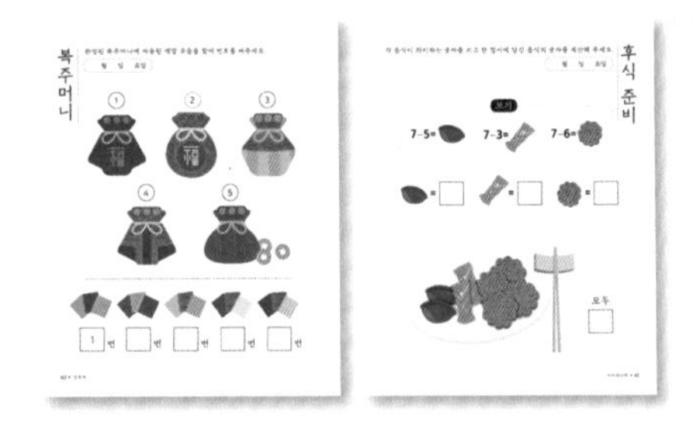

2. 매일 매일 한 쪽씩

각 페이지 상단에 날짜를 쓰고 매일 매일 한 쪽씩 풀어갑니다.

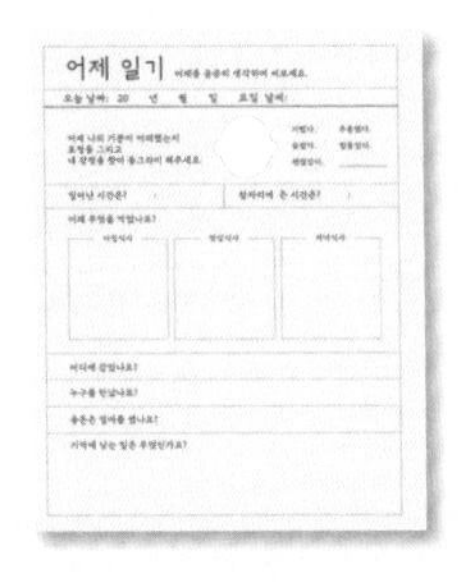

3. 어제 일기와 병행하여

활동북 뒤쪽의 '어제 일기'를 병행하여 기억력 및 지남력을 다시한번 끌어 올립니다.

목차

김장하는 날

숨은 그림을 찾아주세요

월 일 요일

보기

새 물고기 압정 촛불 가위

화살표 우산 바늘 붓 양말

다른 하나

다른 종류에 속하는 사물 한 가지를 동그라미 해주세요.

월 일 요일

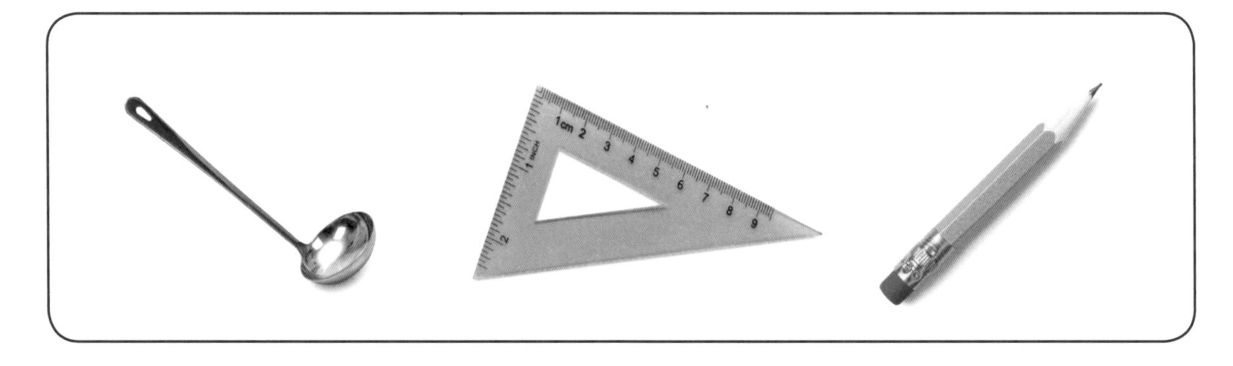

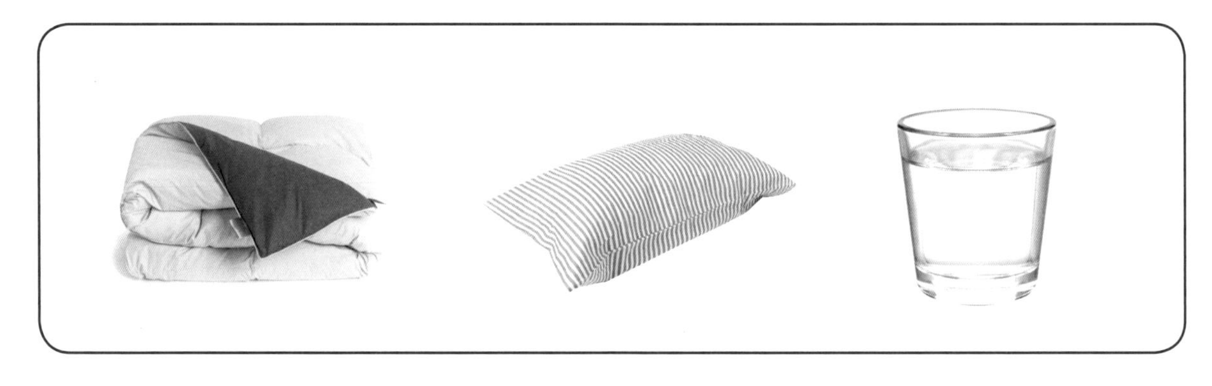

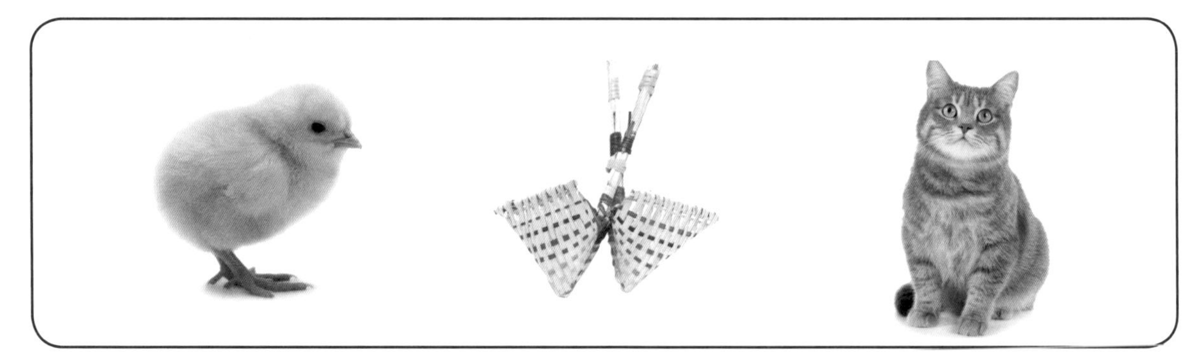

추억소품

초성을 보고 사물의 이름을 써주세요.

월 일 요일

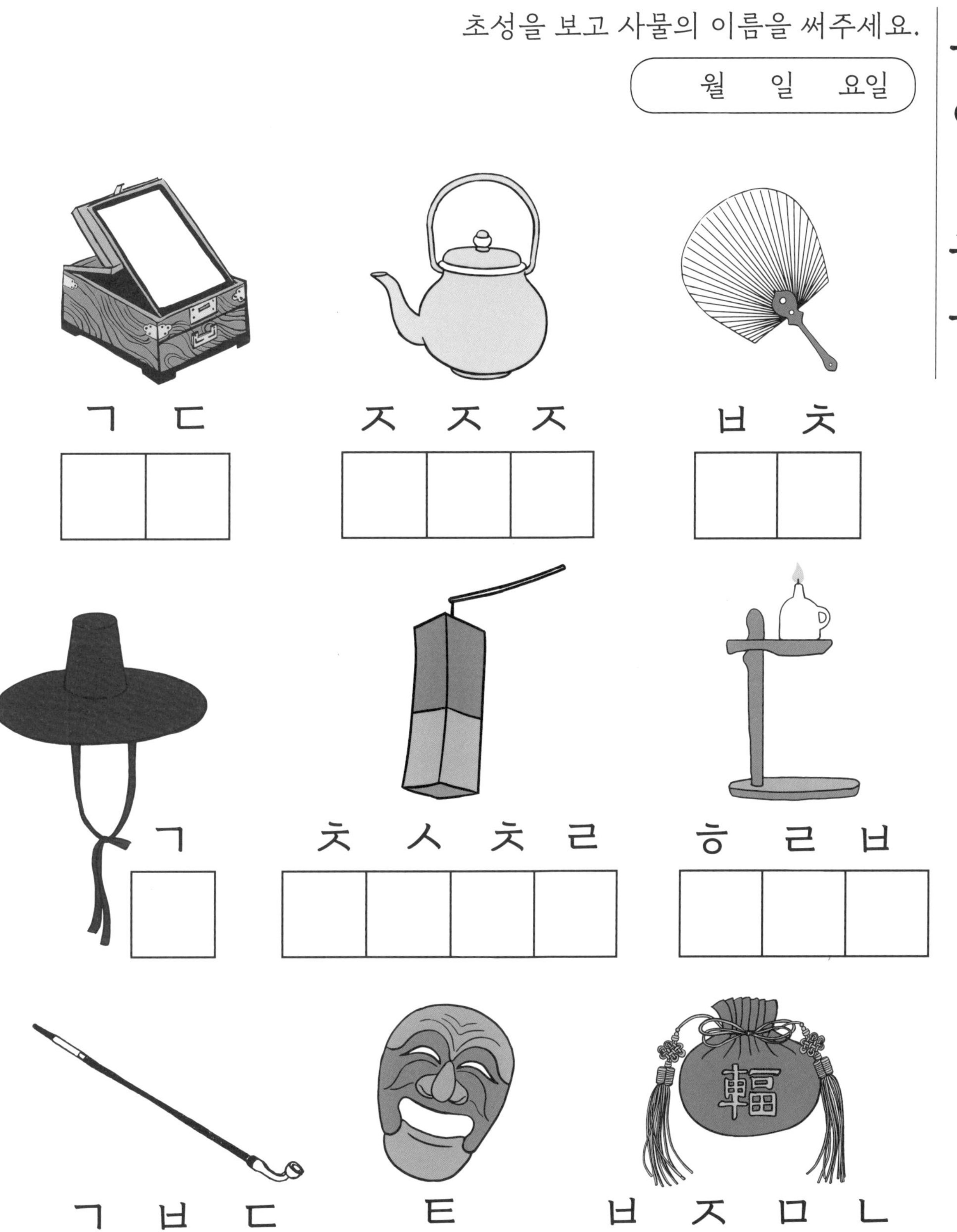

호랑이

1부터 50까지 점을 잇고 색칠해 주세요.

월 일 요일

시간표

질문을 읽고 시간을 표시해 주세요.

월 일 요일

몇 시에 일어나나요?

아침은 몇 시에 먹나요?

점심을 몇 시에 먹나요?

몇 시에 외출을 하나요?

저녁은 몇 시에 먹나요?

몇 시에 잠을 자나요?

짝수 찾기

1분간 아래의 숫자 중 짝수를 찾아보세요.

월 일 요일

23	11	32	14	46
33	20	34	15	28
8	19	2	10	24
12	17	16	4	22
26	18	39	40	36

1분 동안 찾은 숫자: ☐ 개

각 번호마다 색칠 되어 있는 칸들을 잘 기억하고 다음 장으로 넘겨주세요.

월 일 요일

타일 모양 ①

①

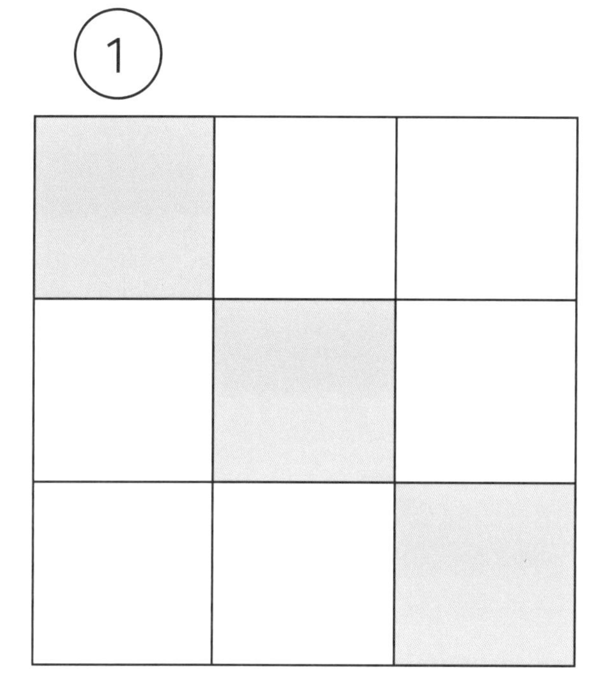

②

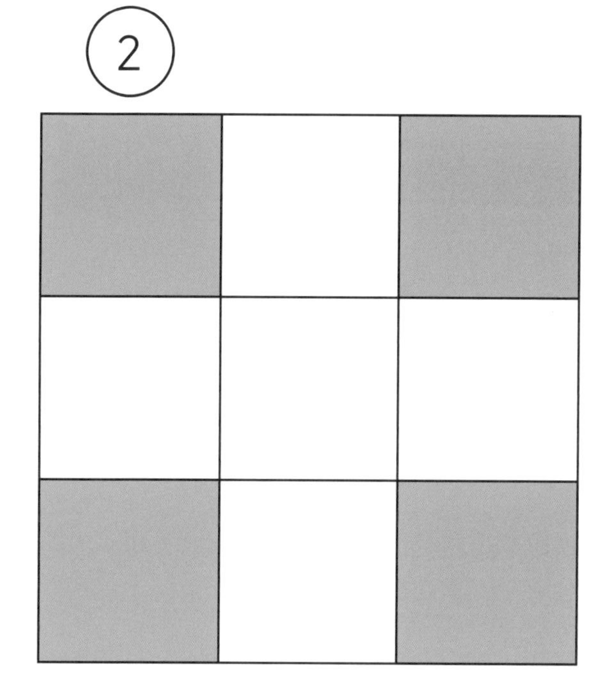

③

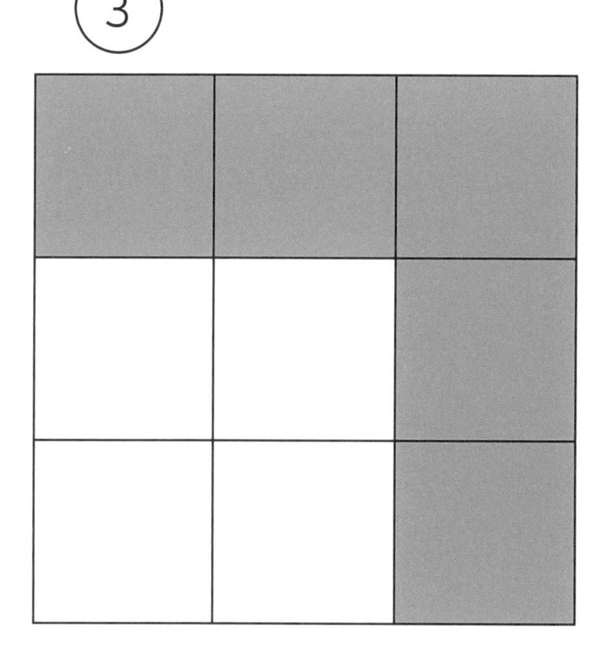

④

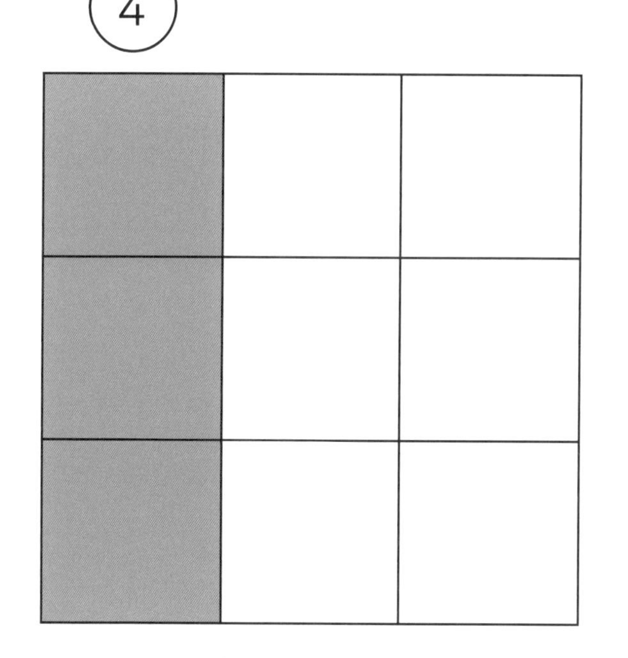

타일 모양 ②

앞장에서 보았던 그림을 기억해보며 같은 칸에 색칠해 주세요.

월 일 요일

①

②

③

④

자음과 모음

자음과 모음을 모아 글자를 완성해 주세요.

월 일 요일

자음 \ 모음	ㅏ	ㅓ	ㅛ	ㅕ
ㅂ	바			
ㅊ				
ㅍ				

자음 \ 모음	ㅜ	ㅔ	ㅚ	ㅣ
ㅎ				
ㅅ				
ㅌ				

여섯 조각

전체 그림과 다른 조각 1개를 찾고 어디가 다른지 동그라미 해주세요.

월 일 요일

물건의 쓰임

물건의 쓰임에 맞는 물건을 찾아 줄로 이어주세요.

월 일 요일

옷의 구김을 펼 때 •

못을 박을 때 •

통화를 할 때 •

잠을 잘 때 •

밥을 지을 때 •

• 

• 

• 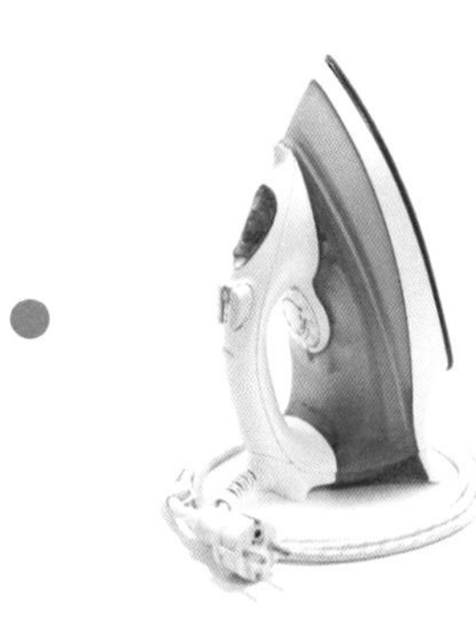

• 

• 

글자 수

왼쪽의 그림과 글자 수가 같은 그림을 찾아 동그라미 해주세요.

(월 일 요일)

모자이크

왼쪽과 같은 곳에 같은 색으로 오른쪽을 칠해주세요.

월 일 요일

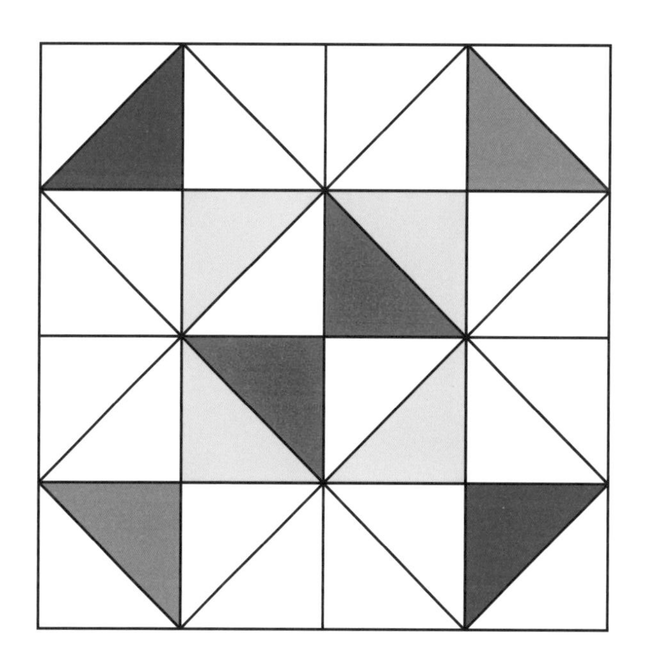

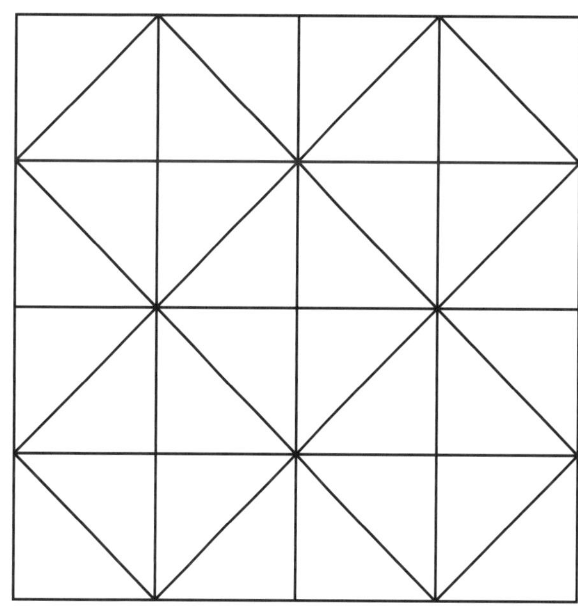

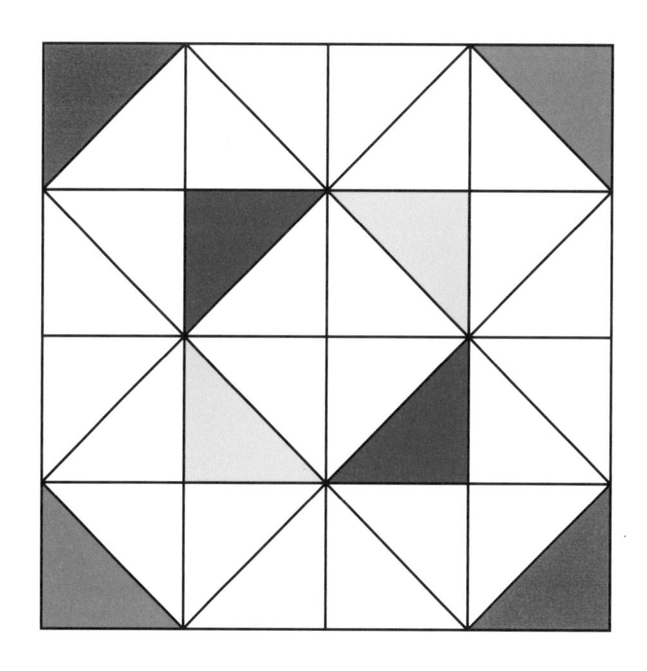

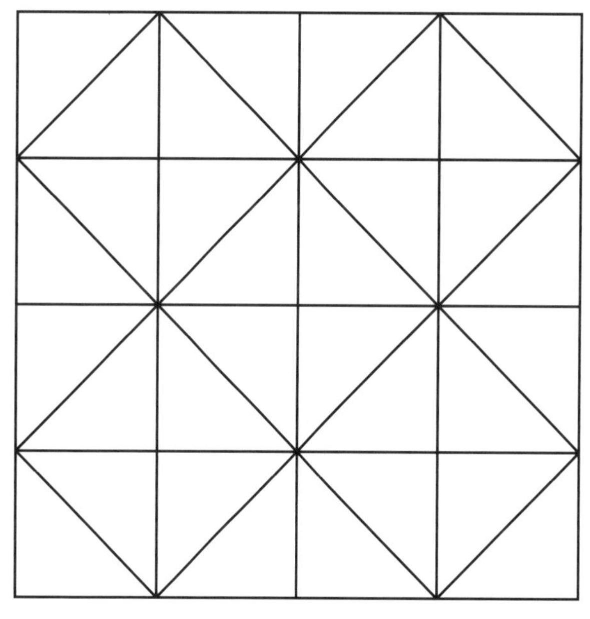

텔레비전

좋아하는 TV 프로그램을 쓰고 아래의 질문에 답해주세요.

월 일 요일

2. 어떤 프로그램인가요?
   1) 뉴스 2) 연속극 3) 쇼(노래 등)
   4) 기타 ____________________

3. 무슨 요일에 하나요? ____________________

4. 몇 시에 하나요? ____________________

5. 어떤 점이 좋은가요?

____

동창회 모임

4명이 음식을 먹고 계산한 후 회비가 얼마가 남았는지 써주세요.

월　일　요일

동창회비

4명이 먹은 음식

전복죽	삼계탕	순두부찌개

12,000원 1명	10,000원 2명	8,000원 1명

남은 돈: ____________________ 원

짝 글자

주어진 단어의 짝이 되는 글자를 옆 칸에 써주세요.

월 일 요일

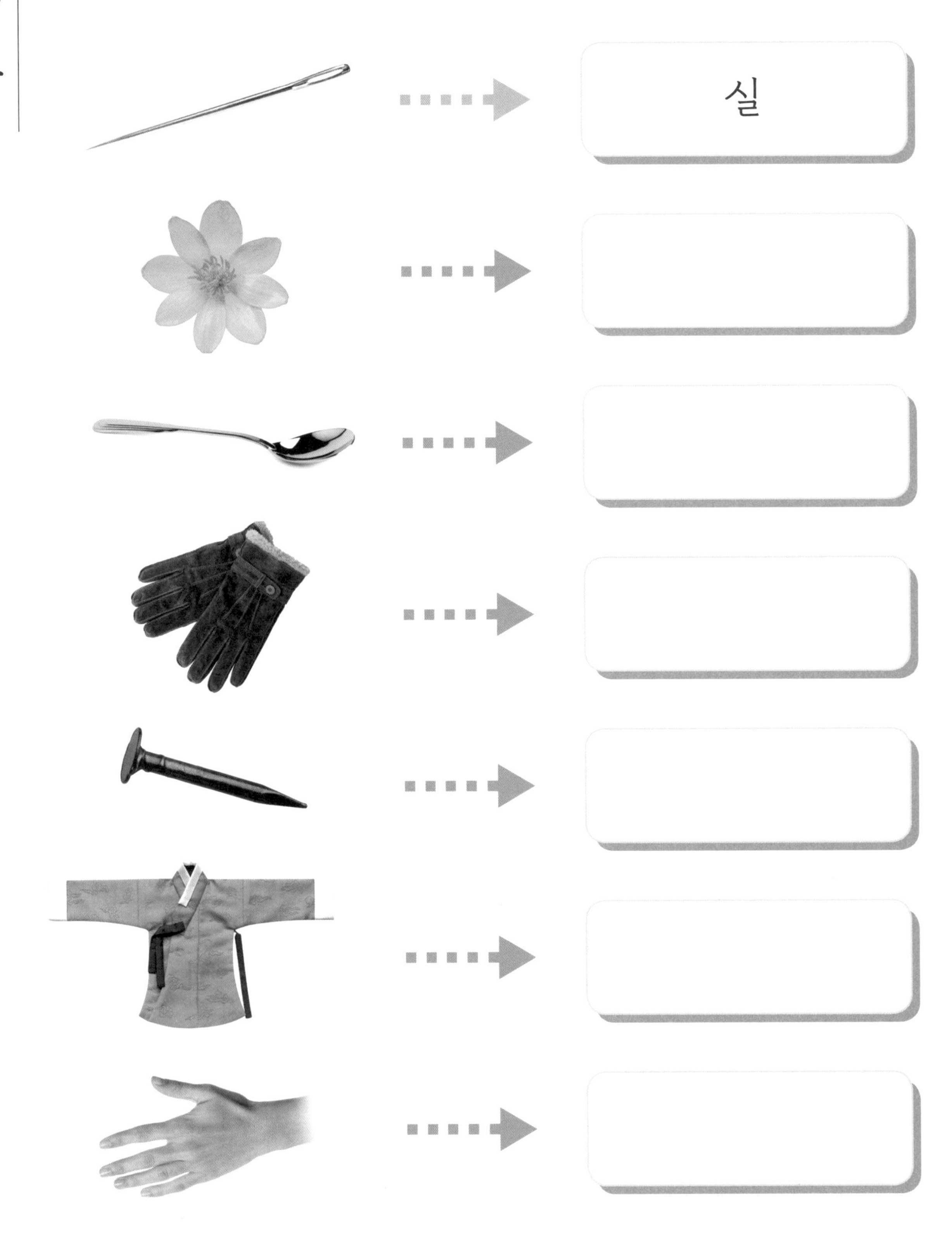

끝말잇기

처음에 주어진 단어로 시작하여 끝말이 이어지도록 단어를 써주세요.

월 일 요일

한약 ▶ 약________ ▶ ________ ▶ ________

절구 ▶ 구________ ▶ ________ ▶ ________

호미 ▶ 미________ ▶ ________ ▶ ________

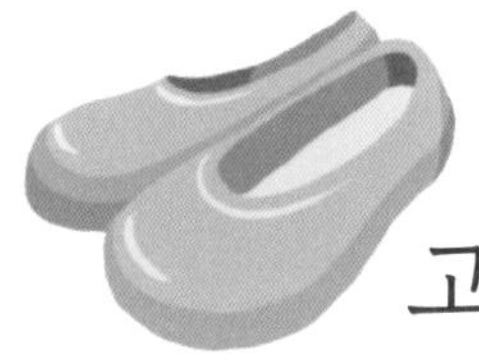

고무신 ▶ 신________ ▶ ________ ▶ ________

제기 ▶ 기________ ▶ ________ ▶ ________

지문그림

보기처럼 그림이 완성되는 순서를 써주세요.

월 일 요일

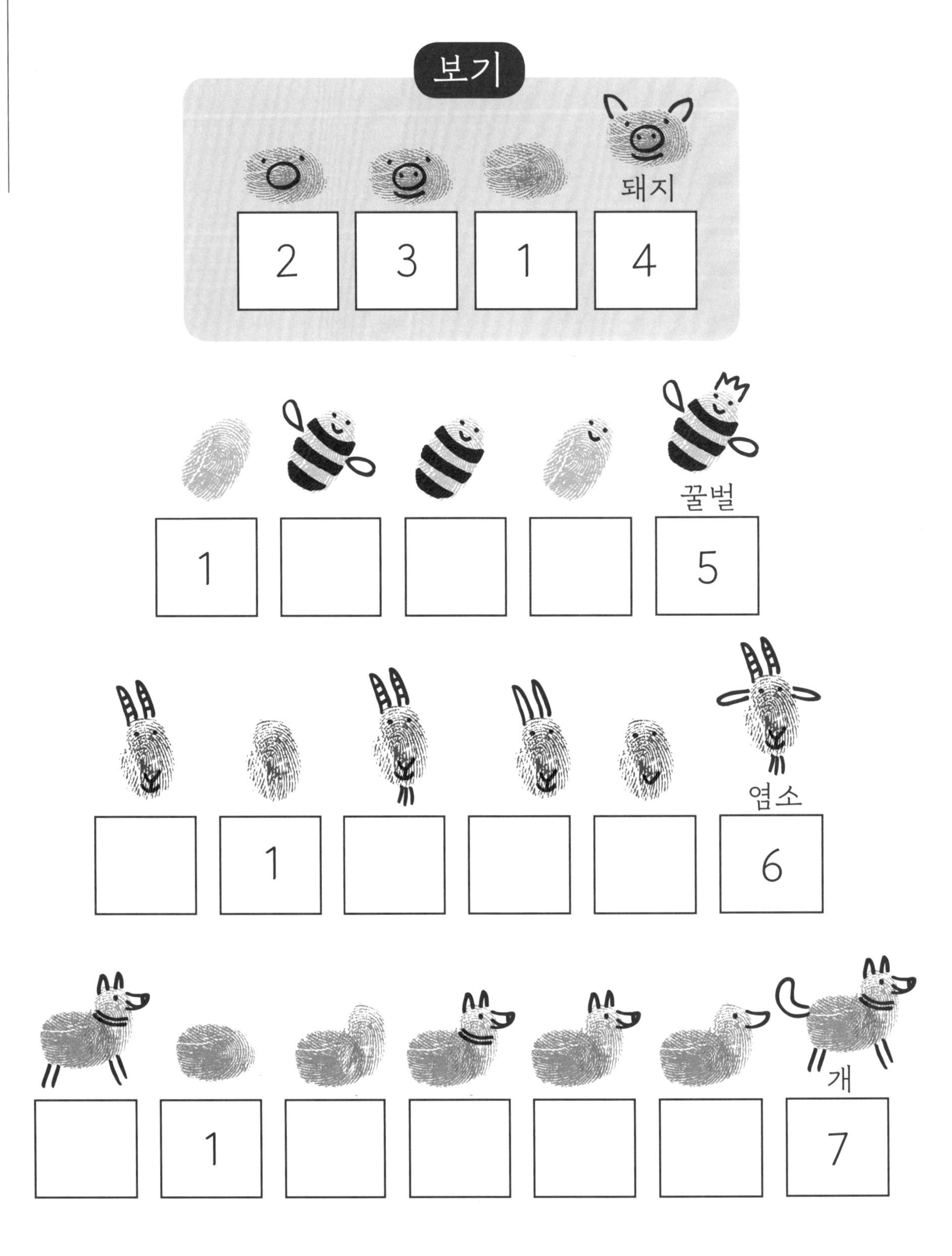

주막집

그림을 자세히 보고 다른 부분 10곳을 찾아 주세요.

월 일 요일

뱅글뱅글

왼쪽 그림과 똑같은 그림을 오른쪽에서 찾아 동그라미 해주세요.

월 일 요일

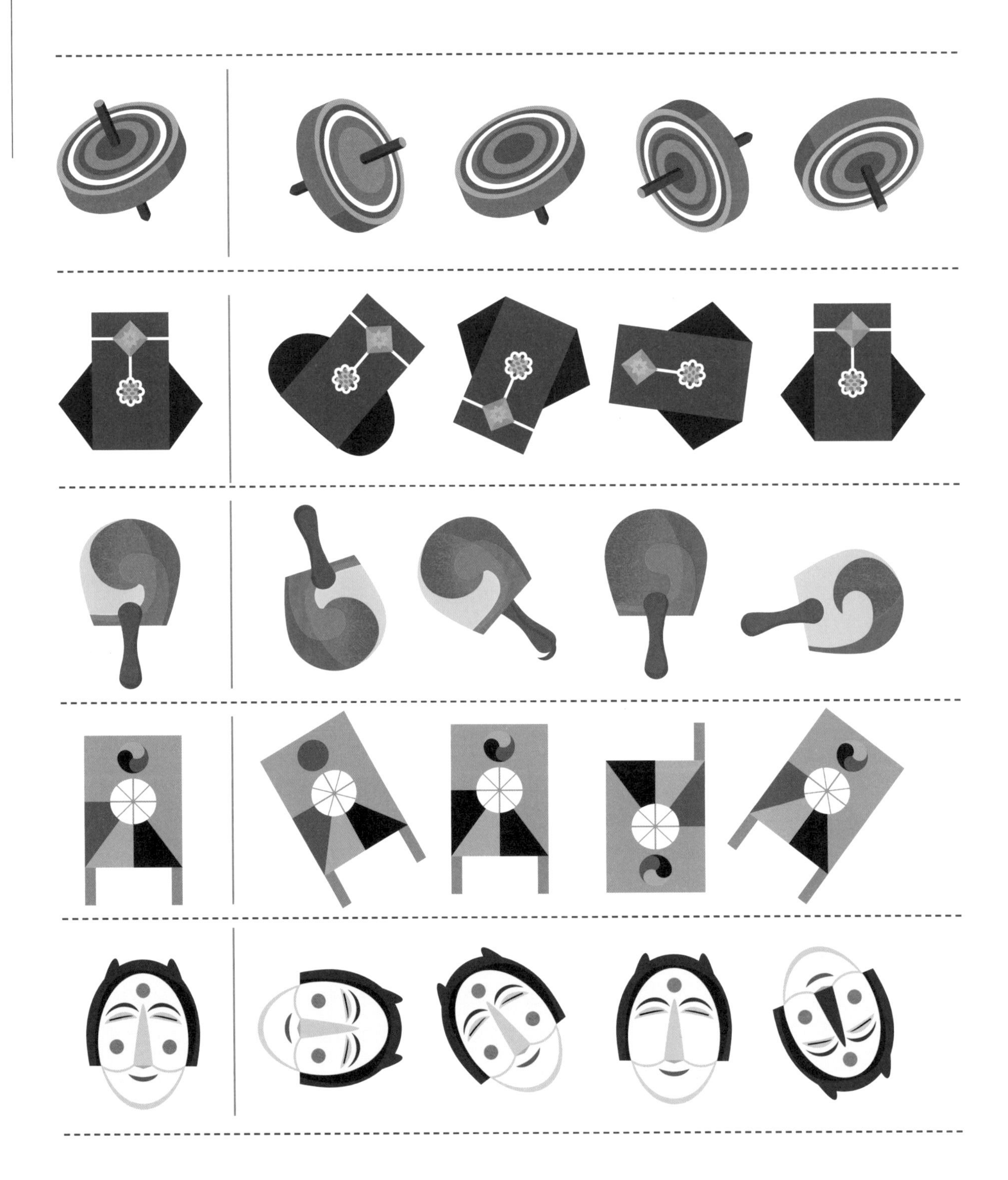

십자 퍼즐

보기를 보고 가로 세로 열 십자 퍼즐이 완성되도록 가운데 글자를 써주세요.

월 일 요일

보기

무 랑 계 장 리 대 두 자 팡

	포	
순		국
	기	

	가	
가		잎
	비	

	지	
곰		이
	이	

	논	
순		부
	렁	

	도	
빗		루
	기	

	요	
머		빗
	사	

	단	
고		신
	지	

	미	
자		면
	원	

	육	
삼		탕
	장	

알록달록

사진 속 상보와 같은 상보를 두 개 찾아 동그라미 쳐주세요.

월 일 요일

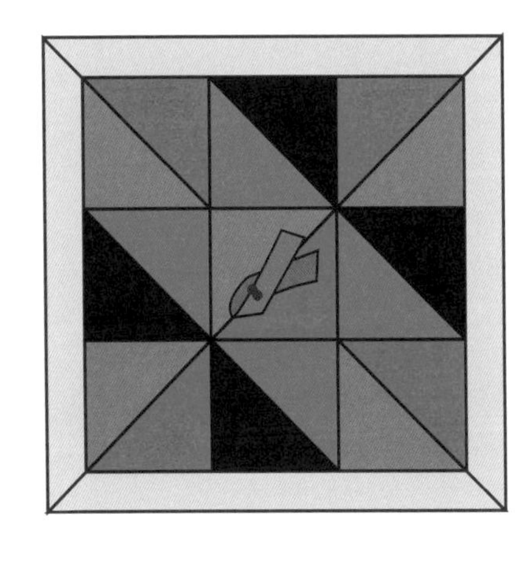

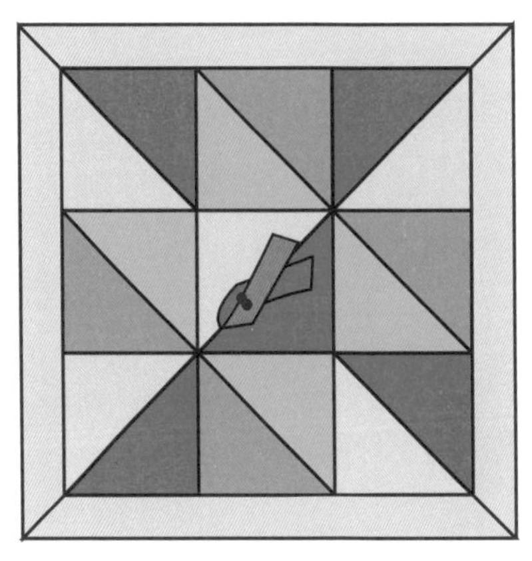

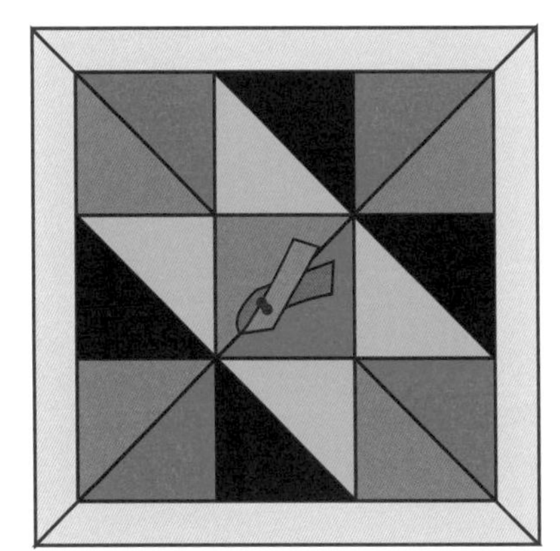

나에 대한 질문에 답해주세요.

(월 일 요일)

나의 생일

__________년

___월 ___일

나의 이름

____

나의 나이

____

나의 성별
여성 /남성

____

내가
사는 동네

____

전화번호

____

내가
좋아하는 음식

____

내가 잘하는 것

____

동전계산

지갑 속의 돈만큼 되려면 각각의 동전이 몇 개 필요한지 개수를 써주세요.

월 일 요일

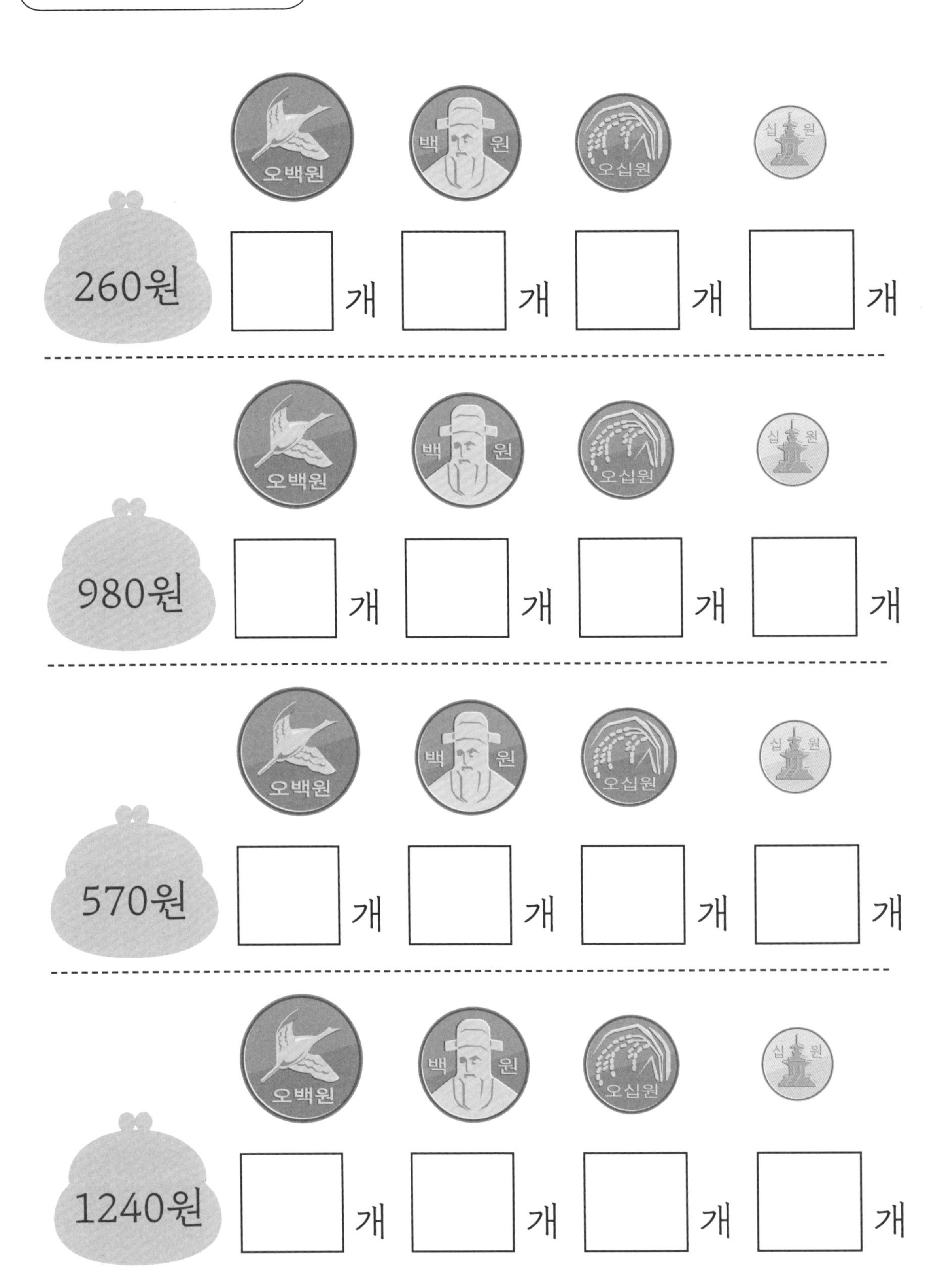

희로애락

인생에서 가장 기뻤던 일과 슬펐던 일을 적어주세요.

월 일 요일

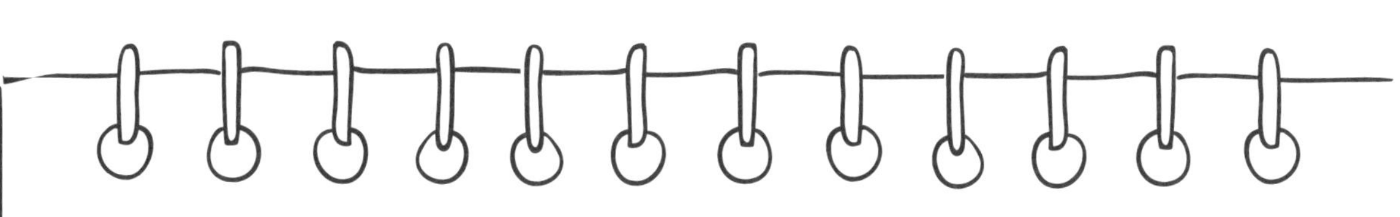

슬펐던 일

기뻤던 일

두 그림자

두 사물을 겹쳤을 때 만들어질 그림자를 알맞게 이어주세요.

월 일 요일

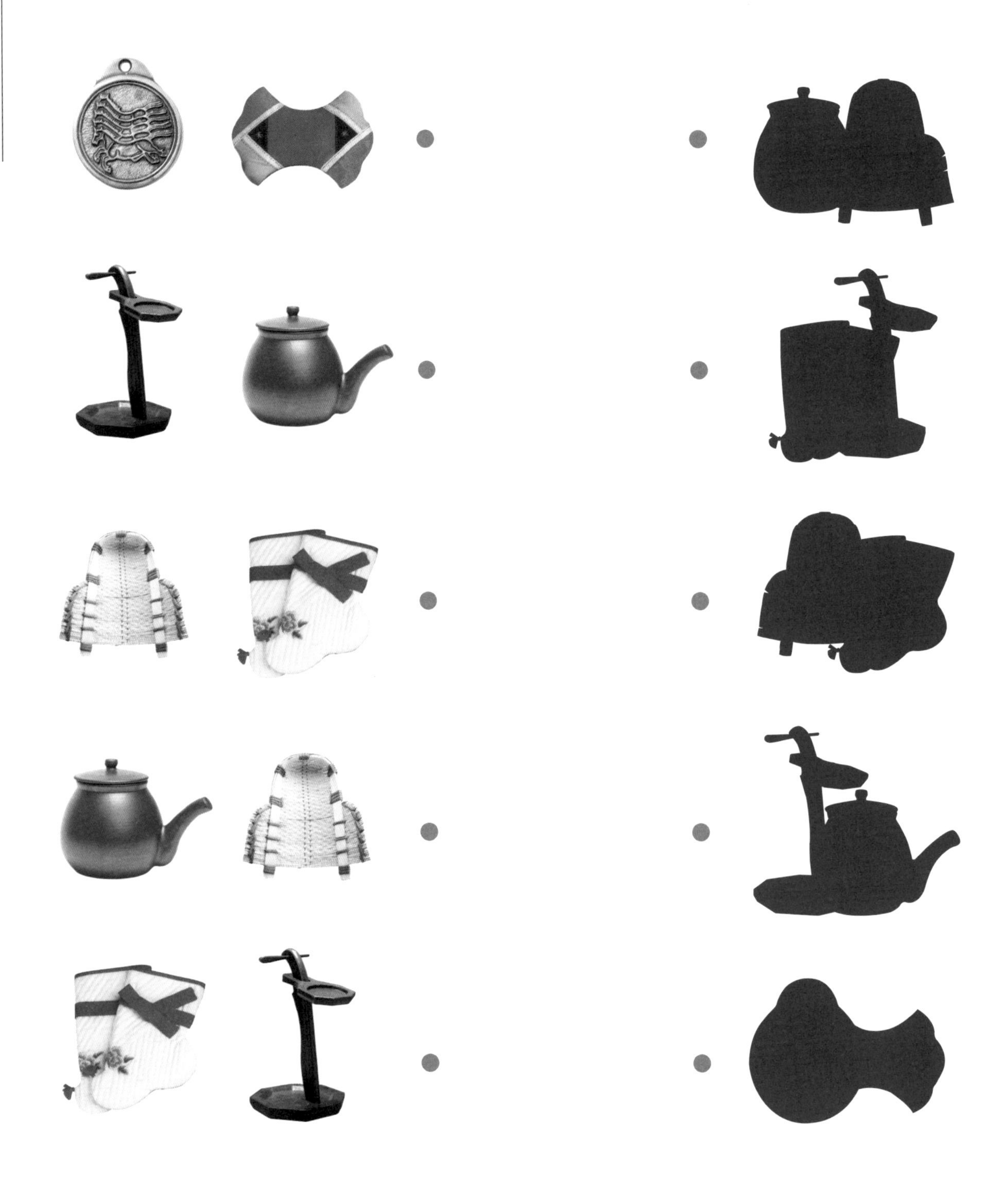

떡볶이

이야기를 읽고 손으로 가린 후 질문에 답을 써주세요.

월 일 요일

손녀가 지난 토요일에 집에 놀러 왔습니다. 떡볶이를 해주었더니 떡볶이가 맵다고 울었습니다.

1. 손녀가 언제 놀러 왔나요? ______________________
2. 무슨 음식을 해주었나요? ______________________
3. 손녀가 왜 울었나요? ______________________

오늘은 8월 10일입니다. 오이, 물, 방울토마토를 배낭에 넣고 등산을 갔습니다. 그런데 갑자기 비가 와서 서둘러 내려왔습니다.

1. 무슨 계절인가요? ______________________
2. 등산 갈 때 가지고 간 것은 무엇인가요?

____

3. 왜 서둘러 내려왔나요?

____

식목일

그림과 다른 부분의 조각 두 개를 찾아주세요.

월 일 요일

동물 꼬리

각 동물에 맞는 꼬리를 찾아 줄로 이어주세요.

월 일 요일

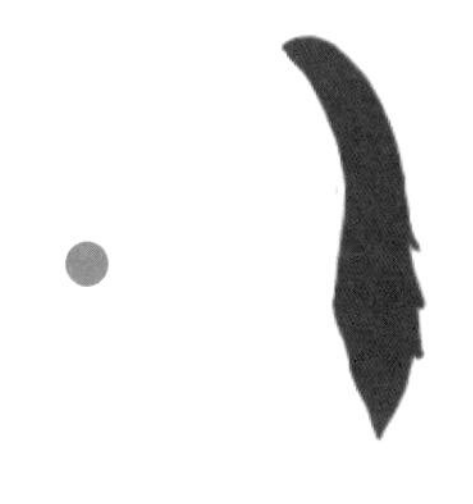

그네타기

가로 또는 세로에 전통놀이 단어를 찾아 모두 동그라미 해주세요

월 일 요일

카	신	팽	문	연	고
윷	놀	이	해	날	강
축	삼	치	구	리	강
씨	제	기	차	기	수
름	만	공	결	모	월
선	그	네	타	기	래

같은 모양

왼쪽과 오른쪽이 같아지도록 빈칸에 모양을 그리고 색칠해 주세요.

월 일 요일

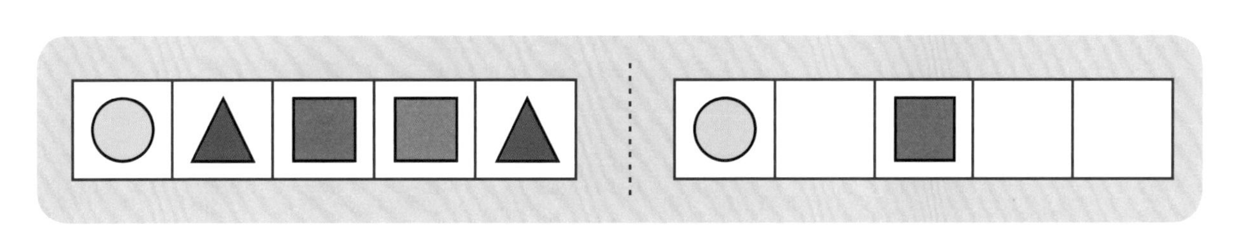

복주머니

완성된 복주머니에 사용된 색깔 모음을 찾아 번호를 써주세요.

월 일 요일

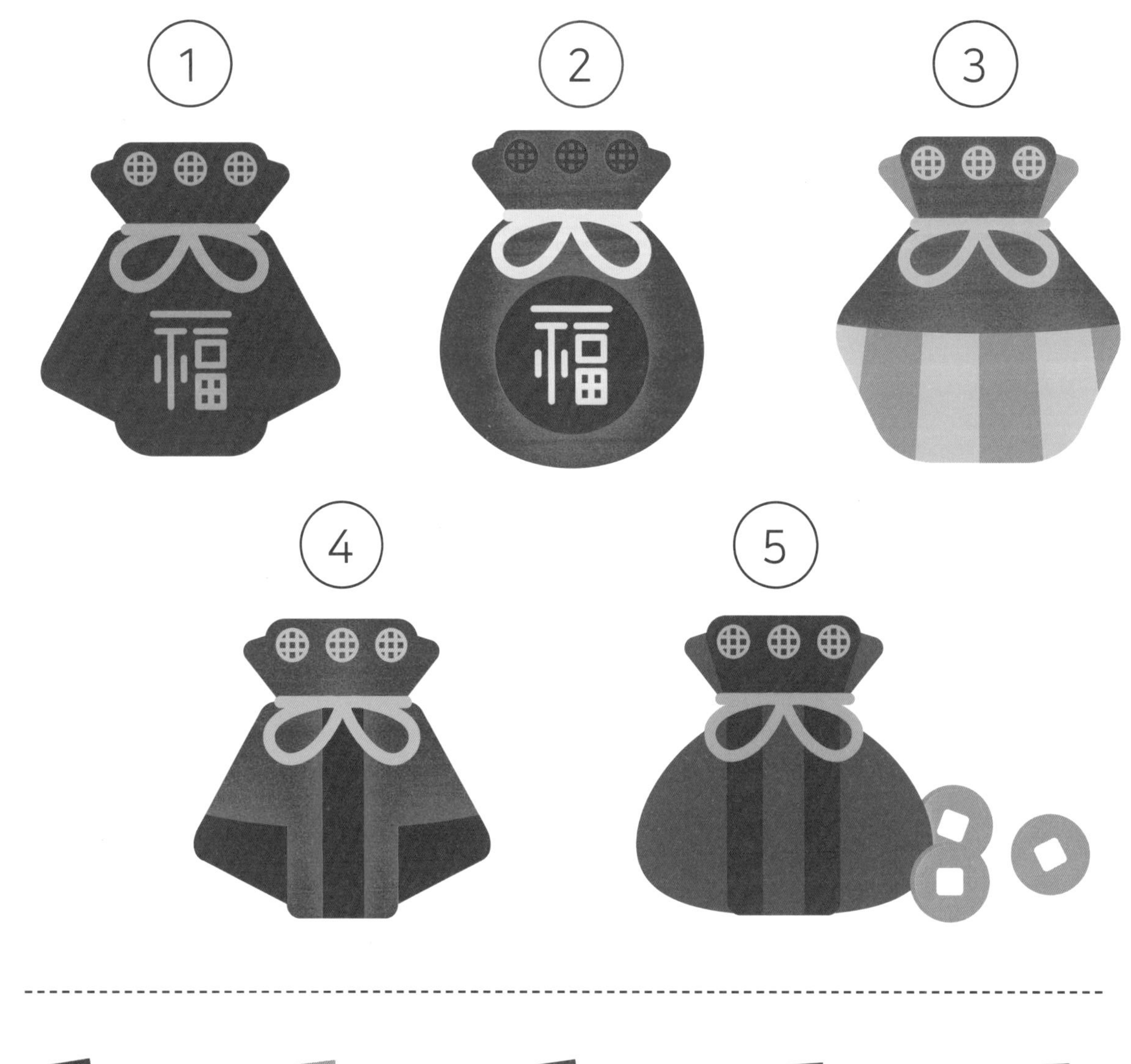

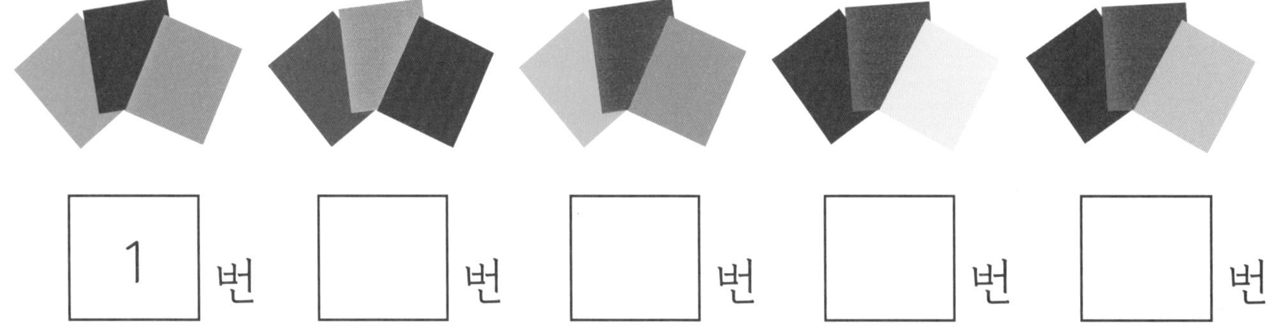

1 번	번	번	번	번

후식 준비

각 음식이 의미하는 숫자를 쓰고 한 접시에 담긴 음식의 숫자를 계산해 주세요.

월 일 요일

7–5=

7–3=

7–6=

=

=

=

모두

비밀 쓰기

암호표를 이용하여 암호 단어를 만들어 주세요.

월 일 요일

보기

■ 자음

ㄱ	ㄴ	ㄷ	ㄹ	ㅁ	ㅂ	ㅅ
◐	#	/	△	○	^	♡

ㅇ	ㅈ	ㅊ	ㅋ	ㅌ	ㅍ	ㅎ
♩	◎	+	~	□	▶	↔

■ 모음

ㅏ	ㅑ	ㅓ	ㅕ	ㅗ	ㅛ	ㅜ	ㅠ	ㅡ	ㅣ
∞	‿	!	◉	?	⋮	—	■	▣	☆

바지	소라	나비
^ ∞ ◎ ☆		

포도	자두	모자

장소와 물건

보기에서 제시된 장소와 관련 있는 단어 3개씩을 찾아 써보세요.

월 일 요일

보기

여권 감기약 생선 반창고 도장 미나리
비행기 붕대 활주로 통장 돈 보리

약국

___

___

___

공항

___

___

___

시장

___

___

___

은행

___

___

___

만다라

만다라를 예쁜 색으로 자유롭게 칠해주세요.

월 일 요일

사는 곳

내가 사는 곳에 관한 질문을 읽고 질문에 답해주세요.

월 일 요일

1. 내가 사는 곳의 주소는 어떻게 되나요?

____

2. 내가 사는 집은 어떤 형태인가요?

1)아파트 2)단독주택 3)빌라

4)기타 ______________________________

3. 내가 사는 곳은 어떤 형태인가요?

1)농촌 2)어촌

3)산촌 4)도시

4. 내가 사는 곳을 지도에서 찾아 동그라미 해주세요.

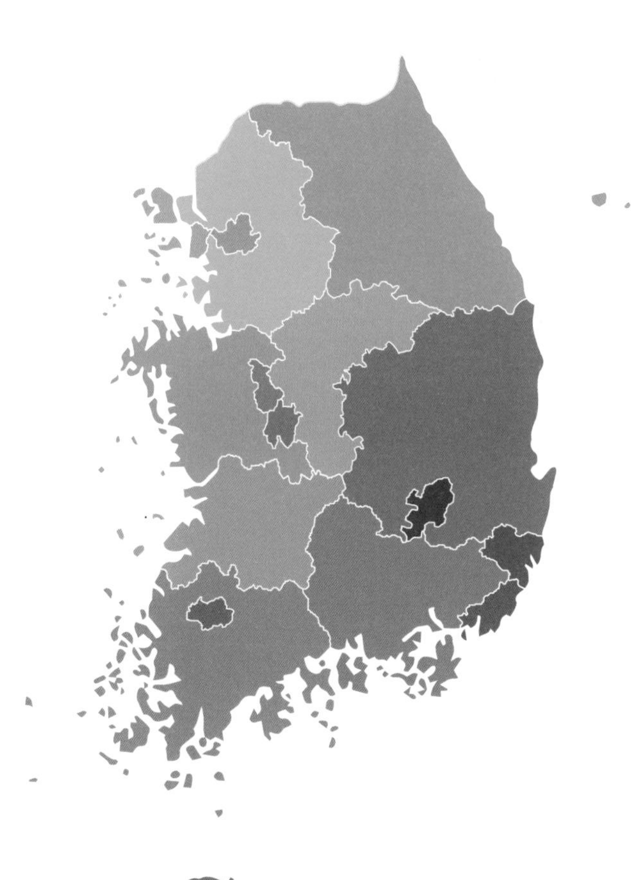

관련 단어

관련 있는 단어끼리 줄로 이어주세요.

월 일 요일

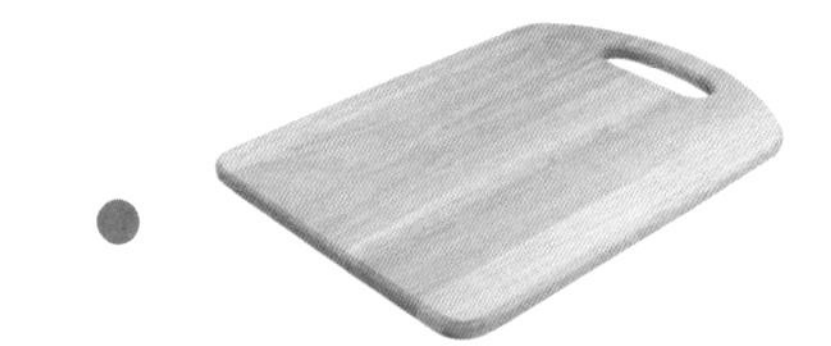

직업과 일터

직업명을 쓰고 어디서 일하는지 줄로 이어주세요.

월 일 요일

병원 교회 소방서 법원 학교

똑같이 그리기

왼쪽의 그림과 똑같은 그림이 되도록 점을 연결하여 그려주세요.

월 일 요일

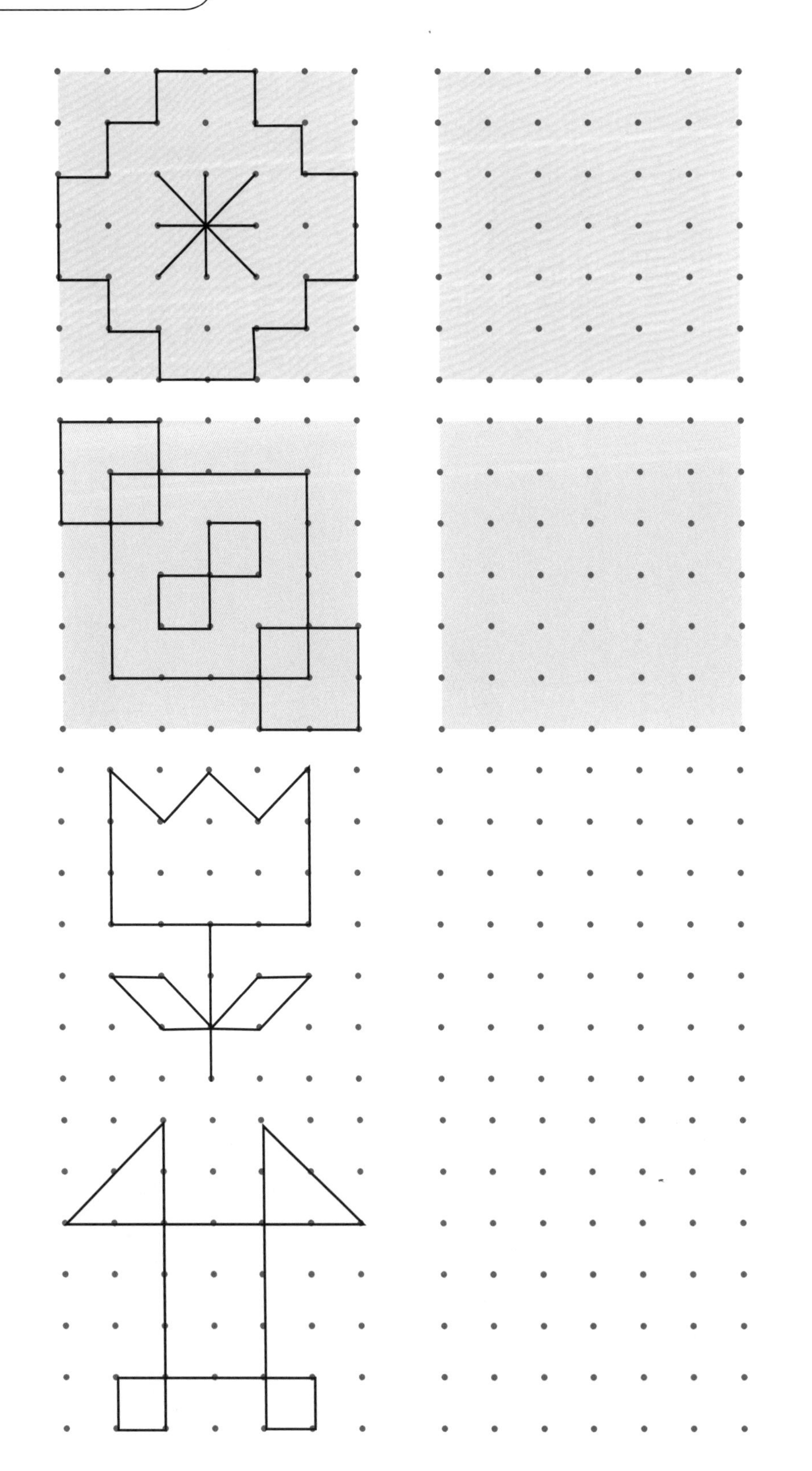

4대 명절

우리나라 4대 명절 중 어떤 명절인지 네모 안에 써주세요.

월 일 요일

날짜 : 1월 1일(음력)
하는 일 : 차례, 세배,
복조리 걸기
음식 : 떡국
놀이 : 윷놀이, 연날리기 등
의미 : 새해맞이

날짜 : 4월 5일경
하는 일 : 차례, 성묘
음식 : 찬 음식
의미 : 조상의 뜻을 기림

날짜 : 5월 5일(음력)
하는 일 : 창포물로 머리 감기
음식 : 수리취떡, 약떡
놀이 : 그네뛰기, 씨름 등
의미 : 풍년을 기원함

날짜 : 8월 15일(음력)
하는 일 : 차례, 성묘
음식 : 송편
놀이 : 강강술래, 씨름 등
의미 : 조상들께 감사하는 마음

겨울나기

가진 돈은 얼마인가요? 사고 싶은 것 2-3개를 골라 동그라미 해주세요.

(월 일 요일)

얼굴 기억 1

다음 중 세 얼굴을 골라 동그라미 하고 기억한 후 다음 장으로 넘겨주세요.

월 일 요일

얼굴 기억 ②

아래 그림 중 앞장에서 내가 고른 세 얼굴에 동그라미 해주세요.

월 일 요일

연속 빼기

첫 숫자에서 동그라미 숫자만큼 연속해서 계산해 주세요.

월 일 요일

고향 가는 길

미로를 빠져나가 고향에 계신 할머니 할아버지를 만날 수 있도록 도와주세요.

월 일 요일

같은 모양

모양이 같은 것끼리 줄로 이어주세요.

월 일 요일

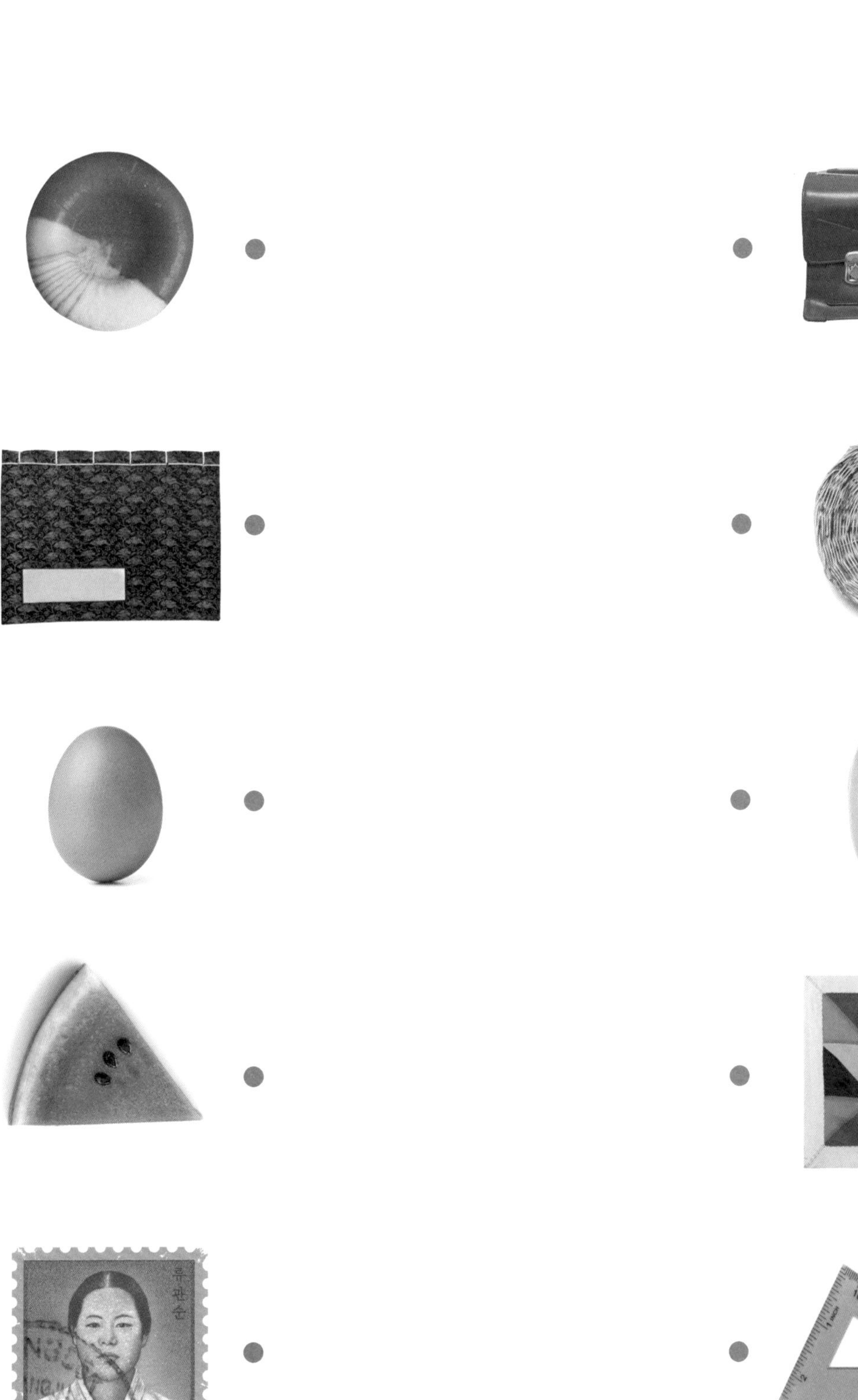

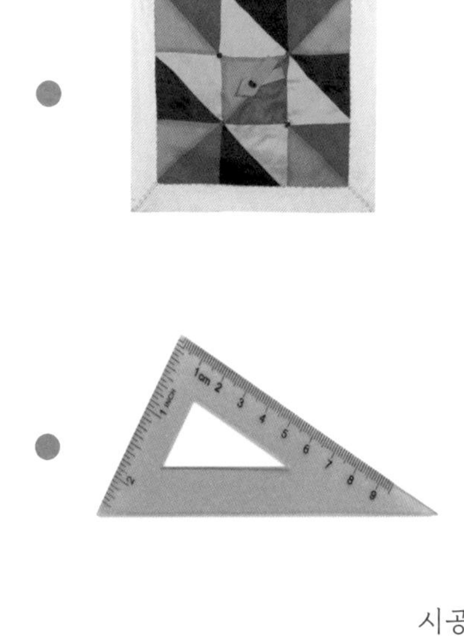

알맞은 말

보기를 보고 문장 빈칸에 알맞은 단어를 찾아 써 주세요.

월 일 요일

보기

머리 차가운 장바구니 선풍기

고무장갑 119 병원 안전벨트

1. 몸이 아프면 ______ 에 갑니다.

2. 화상을 입으면 ________물에 손을 담급니다.

3. 자동차를 타면 ________을 착용해야 합니다.

4. 더울 때는 ________를 켭니다.

5. 시장에 갈 때는 ________을 가지고 갑니다.

6. 설거지를 할 때는 ________을 낍니다.

7. 불이 나면 ________에 신고합니다.

8. 모자는 ______에 씁니다.

일곱 빛깔

무지개색 순서대로 색깔과 색이름을 번갈아 순서대로 연결해 주세요.

(월 일 요일)

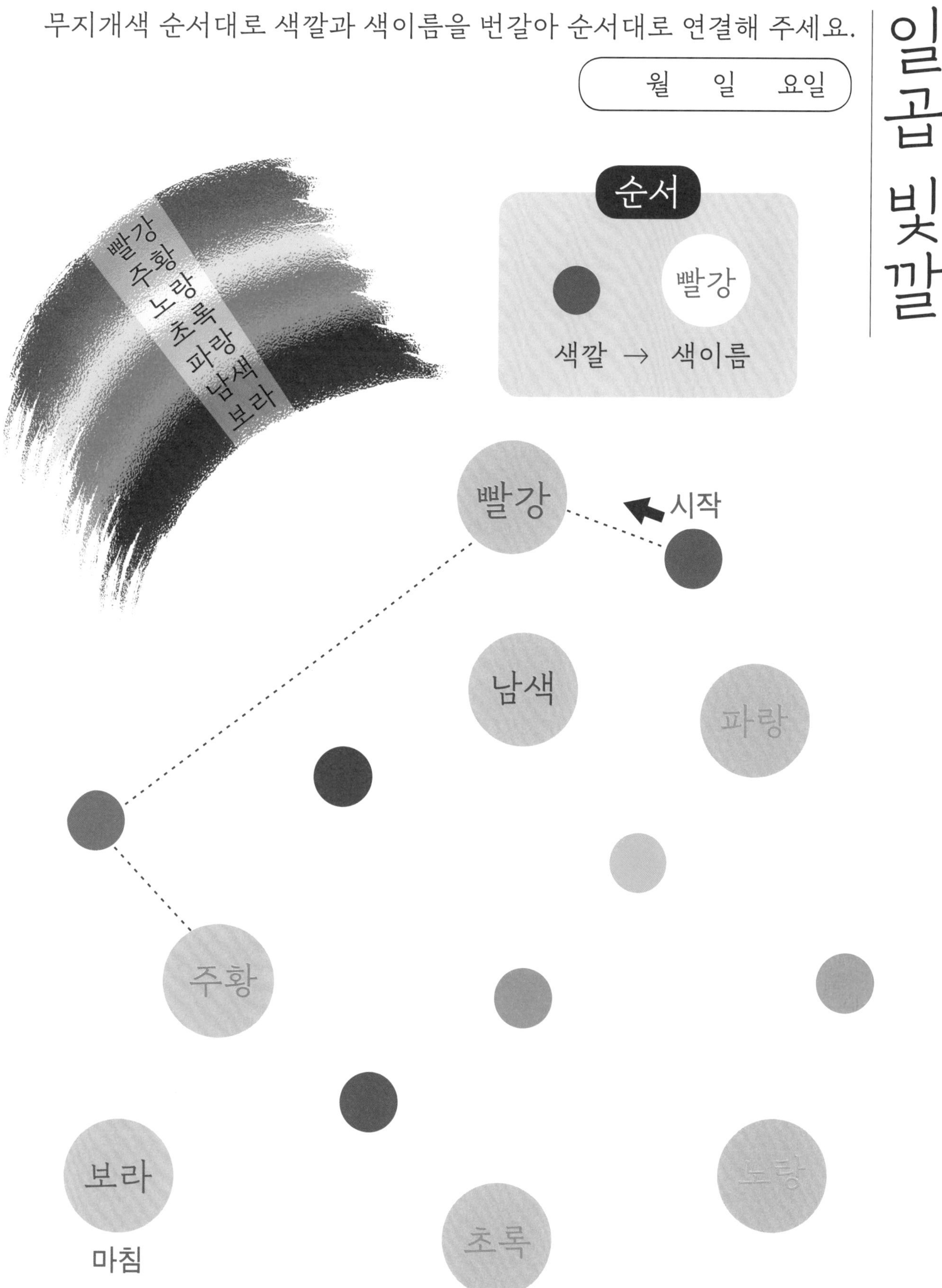

사물놀이

사물놀이 악기 이름을 써 주세요.

월 일 요일

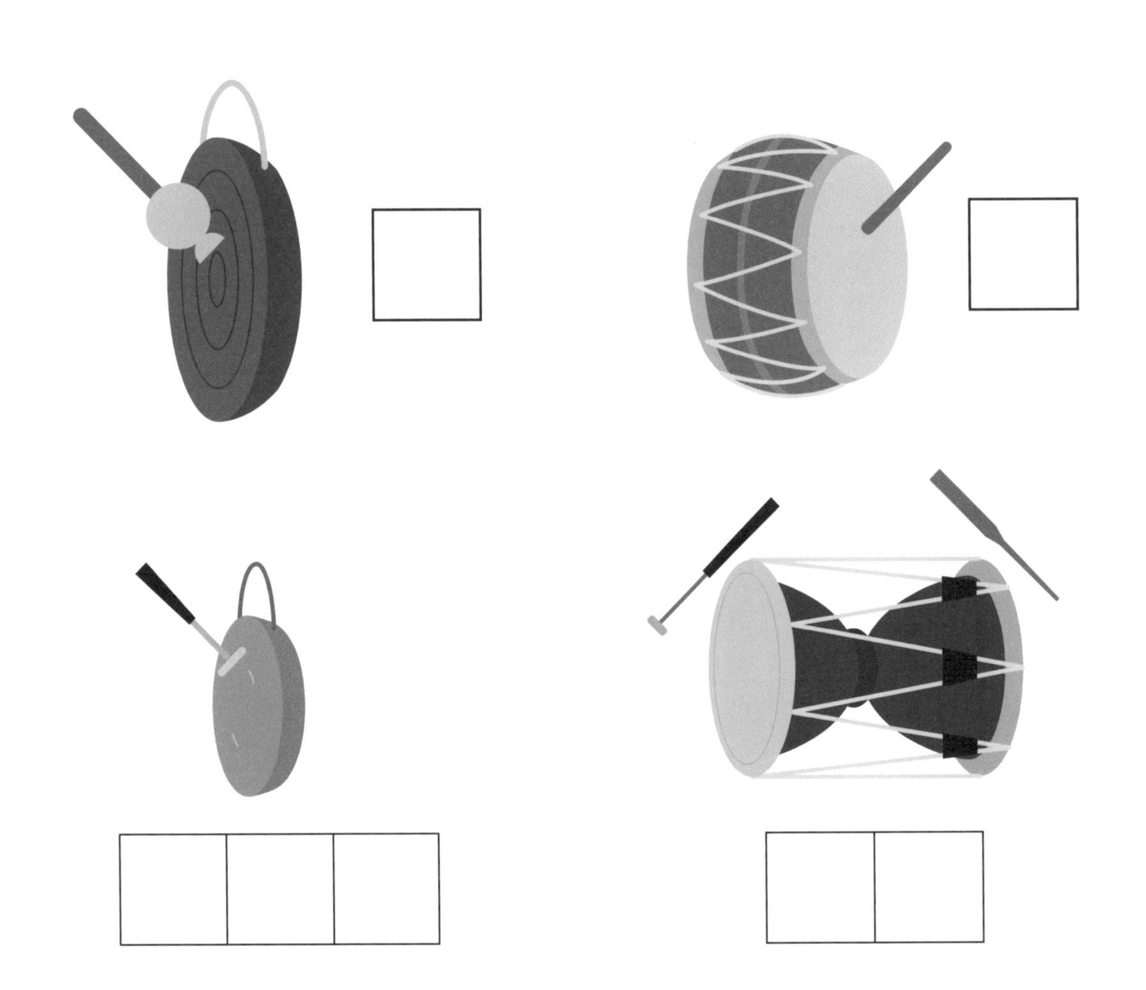

창고 물건

한 달 후 창고에 더 늘어난 물건 4개를 찾아 주세요.

월 일 요일

자라가기

성장하면 어떤 모습이 될지 알맞게 줄로 이어주세요.

월 일 요일

단어 연상

주어진 범주의 단어들을 3개씩 써 주세요.

월 일 요일

나라 이름

1.

2.

3.

인물

1.

2.

3.

악기

1.

2.

3.

새

1.

2.

3.

단아한 와당

같은 와당을 찾아 몇 개인지 세고 그 수를 써주세요.

월 일 요일

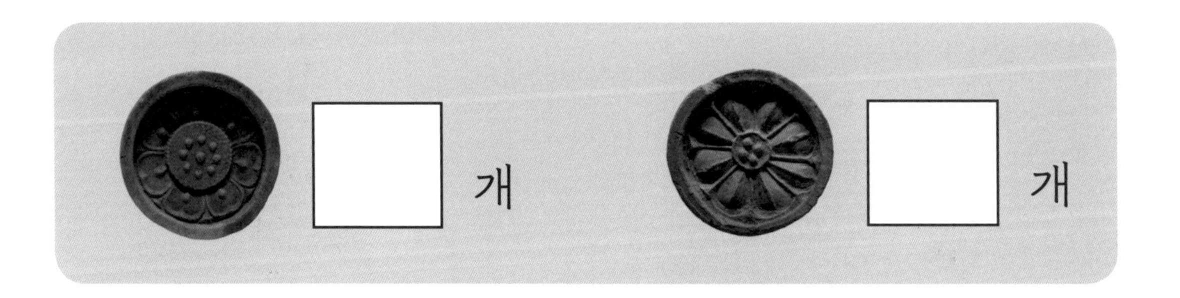

상황대처

상황을 보고 어떻게 대처해야 할지 써주세요.

월 일 요일

길을 잃은 아이가 울고 있을 때

흰 옷에 김치국물을 떨어뜨렸을 때

집 출입문 자물쇠의 비밀번호를 잊어버렸을 때

갑자기 비가 쏟아지는데 우산이 없을 때

끝말잇기

주어진 보기를 보고 한 줄씩 끝 말이 이어지도록 빈칸에 알맞은 단어를 써주세요.

월 일 요일

보기

이, 지, 소 | 강아 ☐ 렁 ☐ 발 ☐ 주병

개, 카, 리 | 병마 ☐ 나 ☐ 어 ☐ 센타

약, 대, 무 | 전봇 ☐ 나 ☐ 좀 ☐ 국

장, 신, 대 | 고무 ☐ 발 ☐ 독 ☐ 통령

탕, 장, 육 | 삼계 ☐ 수 ☐ 계 ☐ 신구

다음 도형

규칙을 잘 보고 다음에 나올 도형을 그려 주세요.

월 일 요일

흐르는 시간

화살표만큼 지난 시간에 맞게 바늘을 그리거나 시간을 써 주세요.

월 일 요일

30분 후

15분 후

10분 후

:

50분 후

:

20분 후

:

어제 나는

어제를 기억하며 오늘 쓰는 일기

어제 일기 어제를 기억하며 써보세요.

오늘 날짜: 20 년 월 일 요일 날씨:

어제 나의 기분이 어떠했는지
표정을 그리고
나의 감정을 찾아 동그라미 해주세요.

기뻤다. 우울했다.
슬펐다. 힘들었다.
괜찮았다. ________

일어난 시간은? :	잠자리에 든 시간은? :

어제 무엇을 먹었나요?

아침식사	점심식사	저녁식사

어디에 갔었나요?

누구를 만났나요?

용돈은 얼마를 썼나요?

기억에 남는 일은 무엇인가요?

어제 일기

어제를 기억하며 써보세요.

오늘 날짜: 20 년 월 일 요일 날씨:

어제 나의 기분이 어떠했는지
표정을 그리고
나의 감정을 찾아 동그라미 해주세요.

기뻤다. 우울했다.
슬펐다. 힘들었다.
괜찮았다. ______

일어난 시간은? :

잠자리에 든 시간은? :

어제 무엇을 먹었나요?

아침식사	점심식사	저녁식사

어디에 갔었나요?

누구를 만났나요?

용돈은 얼마를 썼나요?

기억에 남는 일은 무엇인가요?

어제 일기 어제를 기억하며 써보세요.

오늘 날짜: 20 년 월 일 요일 날씨:

어제 나의 기분이 어떠했는지
표정을 그리고
나의 감정을 찾아 동그라미 해주세요.

기뻤다. 우울했다.
슬펐다. 힘들었다.
괜찮았다. ___________

일어난 시간은? :	잠자리에 든 시간은? :

어제 무엇을 먹었나요?

아침식사	점심식사	저녁식사

어디에 갔었나요?

누구를 만났나요?

용돈은 얼마를 썼나요?

기억에 남는 일은 무엇인가요?

어제 일기

어제를 기억하며 써보세요.

오늘 날짜: 20 년 월 일 요일 날씨:

어제 나의 기분이 어떠했는지
표정을 그리고
나의 감정을 찾아 동그라미 해주세요.

기뻤다. 우울했다.
슬펐다. 힘들었다.
괜찮았다. ________

일어난 시간은? :

잠자리에 든 시간은? :

어제 무엇을 먹었나요?

아침식사	점심식사	저녁식사

어디에 갔었나요?

누구를 만났나요?

용돈은 얼마를 썼나요?

기억에 남는 일은 무엇인가요?

어제 일기

어제를 기억하며 써보세요.

오늘 날짜: 20 년 월 일 요일 날씨:

어제 나의 기분이 어떠했는지
표정을 그리고
나의 감정을 찾아 동그라미 해주세요.

기뻤다. 우울했다.
슬펐다. 힘들었다.
괜찮았다. ________

일어난 시간은? :

잠자리에 든 시간은? :

어제 무엇을 먹었나요?

아침식사

점심식사

저녁식사

어디에 갔었나요?

누구를 만났나요?

용돈은 얼마를 썼나요?

기억에 남는 일은 무엇인가요?

어제 일기

어제를 기억하며 써보세요.

오늘 날짜: 20 년 월 일 요일 날씨:

어제 나의 기분이 어떠했는지
표정을 그리고
나의 감정을 찾아 동그라미 해주세요.

기뻤다. 우울했다.
슬펐다. 힘들었다.
괜찮았다. ________

일어난 시간은? :

잠자리에 든 시간은? :

어제 무엇을 먹었나요?

아침식사	점심식사	저녁식사

어디에 갔었나요?

누구를 만났나요?

용돈은 얼마를 썼나요?

기억에 남는 일은 무엇인가요?

어제 일기

어제를 기억하며 써보세요.

오늘 날짜: 20 년 월 일 요일 날씨:

어제 나의 기분이 어떠했는지
표정을 그리고
나의 감정을 찾아 동그라미 해주세요.

기뻤다. 우울했다.
슬펐다. 힘들었다.
괜찮았다. ________

일어난 시간은? :

잠자리에 든 시간은? :

어제 무엇을 먹었나요?

아침식사	점심식사	저녁식사

어디에 갔었나요?

누구를 만났나요?

용돈은 얼마를 썼나요?

기억에 남는 일은 무엇인가요?

어제 일기

어제를 기억하며 써보세요.

오늘 날짜: 20 년 월 일 요일 날씨:

어제 나의 기분이 어떠했는지
표정을 그리고
나의 감정을 찾아 동그라미 해주세요.

기뻤다. 우울했다.
슬펐다. 힘들었다.
괜찮았다. ___________

일어난 시간은? :

잠자리에 든 시간은? :

어제 무엇을 먹었나요?

아침식사	점심식사	저녁식사

어디에 갔었나요?

누구를 만났나요?

용돈은 얼마를 썼나요?

기억에 남는 일은 무엇인가요?

어제 일기

어제를 기억하며 써보세요.

오늘 날짜: 20 년 월 일 요일 날씨:

어제 나의 기분이 어떠했는지
표정을 그리고
나의 감정을 찾아 동그라미 해주세요.

기뻤다. 우울했다.
슬펐다. 힘들었다.
괜찮았다. ________

일어난 시간은? :

잠자리에 든 시간은? :

어제 무엇을 먹었나요?

아침식사	점심식사	저녁식사

어디에 갔었나요?

누구를 만났나요?

용돈은 얼마를 썼나요?

기억에 남는 일은 무엇인가요?

어제 일기

어제를 기억하며 써보세요.

오늘 날짜: 20 년 월 일 요일 날씨:

어제 나의 기분이 어떠했는지
표정을 그리고
나의 감정을 찾아 동그라미 해주세요.

기뻤다. 우울했다.
슬펐다. 힘들었다.
괜찮았다. ________

일어난 시간은? :	잠자리에 든 시간은? :

어제 무엇을 먹었나요?

아침식사	점심식사	저녁식사

어디에 갔었나요?

누구를 만났나요?

용돈은 얼마를 썼나요?

기억에 남는 일은 무엇인가요?

저자

길소연

국민대학교 법정대 졸
웨스트민스터 신학대학원 상담심리학 석사
웨스트민스터 신학대학원 상담심리학 박사과정
한국시니어정신건강연구소 수석연구원(현)
성남위례종합사회복지관 상담실 실장(현)
한국목회상담학회 상담사(현)
노인통합교육지도사 1급, 웰다잉심리상담사 1급, 미술심리치료사 1급

김희애

숙명여자대학교 문과대 졸
웨스트민스터 신학대학원 상담심리학 석사
한국시니어정신건강연구소 수석연구원(현)
성남위례종합사회복지관 전문 상담사(현)
한국목회상담학회 상담사(현)
노인심리상담사 1급, 미술심리치료사 1급, 놀이심리상담사 2급

송혜경

이화여대자대학교 사범대 졸
웨스트민스터 신학대학원 상담심리학 석사
웨스트민스터 신학대학원 놀이치료학 박사과정
한국시니어정신건강연구소 수석연구원(현)
웨스트민스터상담코칭센터 전문 상담사(현)
한국정신분석심리상담학회 상담사(현)
노인심리상담사 1급, 놀이심리상담사 1급, 미술심리치료사 1급

이혜영

이화여자대학교 미술대 졸
웨스트민스터 신학대학원 상담심리학 석사
웨스트민스터 신학대학원 상담심리학 박사과정
한국시니어정신건강연구소 수석연구원(현)
성남위례종합사회복지관 상담실 팀장(현)
한국목회상담학회소 상담사(현)
노인심리상담사 1급, 놀이심리상담사 1급, 미술심리치료사 1급

치매로부터 인지능력을 지켜주는

시니어 인지활동북 02

1판 1쇄 발행 2021년 05월 10일
1판 2쇄 발행 2021년 11월 19일

지은이 길소연, 김희애, 송혜경, 이혜영
발행처 도서출판 넥스웍
발행인 최근봉

표지디자인 디자인길
편집디자인 디자인길
삽화 김은지, shutterstock
주소 경기도 고양시 일산동구 장백로 20, 102동 905
전화 031)972-9207
팩스 031)972-9208
이메일 cntpchoi@naver.com
등록번호 제2014-000069호

ISBN: 979-11-88389-20-9

* 값은 표지 뒷면에 표기되어 있습니다.
* 잘못된 책은 구입하신 서점에서 바꾸어 드립니다.